Para:

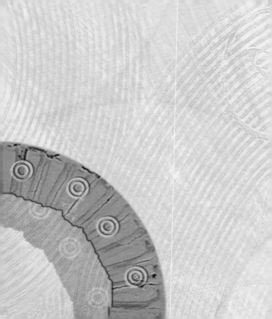

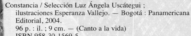

Constancia / Selección Luz Ángela Uscátegui ;
    ilustraciones Esperanza Vallejo. — Bogotá : Panamericana
    Editorial, 2004.
    96 p. : il. ; 9 cm. — (Canto a la vida)
    ISBN 958-30-1569-5
    1. Psicología aplicada – Citas, máximas. etc. 2. Persistencia -
Citas, máximas, etc. I. Vallejo, Esperanza, 1951, il. II.
Uscátegui, Luz Angela, comp. III. Serie.
158 cd 20 ed.
AHX4215
CEP-Banco de la República-Biblioteca Luis Ángel Arango

Constancia

PANAMERICANA
EDITORIAL

Editor
Panamericana Editorial Ltda.
Edición
Mireya Fonseca Leal
Selección de textos
Luz Ángela Uscátegui
Ilustraciones
Esperanza Vallejo
Diagramación
Claudia Margarita Vélez

Primera edición, septiembre de 2004
© Panamericana Editorial Ltda.
Calle 12 No. 34-20. Tel.: 3603077
www.panamericanaeditorial.com
panaedit@panamericanaeditorial.com
Bogotá D. C., Colombia

ISBN 958-30-1569-5

Impreso por Panamericana
Formas e Impresos S.A.
Calle 65 No. 95-28. Tel.: 4302110
Quien sólo actúa como impresor.
Impreso en Colombia   Printed in Colombia

Los hombres
nunca quieren
distinguir entre
la constancia
y la fidelidad.

Honoré de Balzac

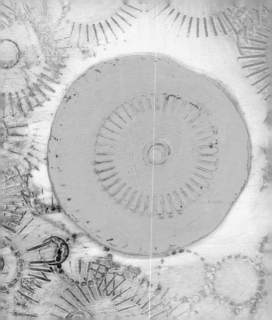

Nos esperan largos
meses de tinieblas,
de pruebas
y de tribulaciones…
Las privaciones
serán nuestro uniforme,
y la constancia y el valor,
nuestro escudo.

Winston Churchill

¡Oh brillantes estrellas!
¿Por qué no tendré yo
vuestra constancia?

John Keats

La constancia obtiene
las cosas más difíciles
en poco tiempo.

Benjamín Franklin

Siguiendo el río
se llega al mar.

Plauto

10

El heroísmo consiste
en persistir
un momento más
cuando todo
está perdido.

Grenfell

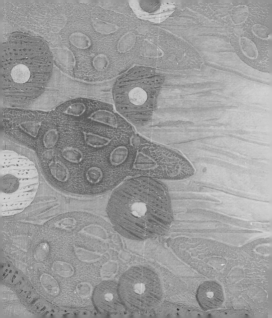

La vida
no es sueño.
El más vigoroso
acto espiritual
es la necesidad
de persistencia de una
forma u otra. El anhelo
de extenderse en
tiempo y en espacio.

Miguel de Unamuno

Solamente
la perseverancia
es coronada.

Santa Catalina de Siena

Lo inacabado
no es nada.

Henri F. Amiel

La constancia
de la veleta
es cambiar.

José Bergamín

16

¡Hay hombres
que luchan
toda la vida!
Ésos son
los imprescindibles.

Bertolt Brecht

Los esfuerzos
individuales
nos traerán
el progreso general.

Cesare Cantú

Quizá los impertinentes
ganen medio mundo,
pero los constantes
poseen el mundo entero.

Thomas Carlyle

Algunos tienen
la buena estrella
de dar en el clavo
por primera vez.
Hay que perseverar
en el intento.

Noel Clarasó

No basta dar pasos
que un día puedan
conducir hasta la meta,
sino que cada paso
ha de ser una meta,
sin dejar de ser
un paso.

Eckermann

Abandonar puede
tener una justificación;
abandonarse
no la tiene jamás.

Emerson

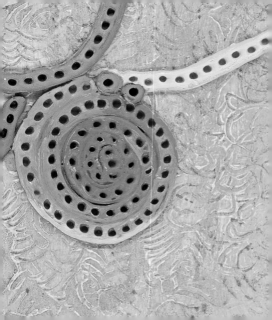

Deja tu afición
a las primeras piedras
y pon la última
en uno solo
de tus proyectos.

Escrivá de Balaguer

La alegría
está en la lucha,
en el esfuerzo,
en el sufrimiento
que supone la lucha,
y no en la victoria
misma.

Mahatma Gandhi

Esperando,
el nudo se deshace
y la fruta madura.

Federico García Lorca

Sin prisa,
pero sin descanso.

Goethe

La obstinación
es el sucedáneo
más barato
del carácter.

Hebbel

El cuidado hace
prosperar la obra.

Hesíodo

La mayoría
de los hombres
no carecen de fuerza,
sino de constancia.

Víctor Hugo

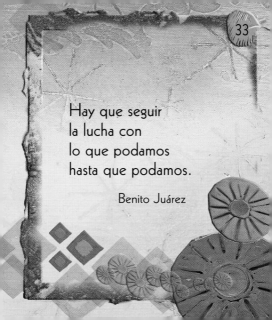

Hay que seguir
la lucha con
lo que podamos
hasta que podamos.

Benito Juárez

La tenacidad
es confundida
frecuentemente
con la obstinación.

Von Kotzebue

34

Persevera,
con bondad,
en tus empresas.

Ramón Llull

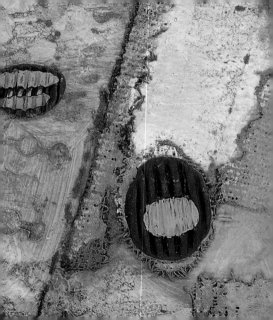

La habilidad
y la constancia
son las armas
de la debilidad.

Maquiavelo

Haz por ser
semejante a un
promontorio. Las olas
del mar se estrellan
con él de continuo,
y él se mantiene inmóvil
hasta que en torno suyo
se abonanzan las aguas.

Marco Aurelio

Hay que resistir
siempre. Nunca
se es vencido
del todo.

André Maurois

Largo y arduo
es el camino
que conduce
del infierno a la luz.

John Milton

Quien no pare
de andar, aunque
se retarde, llega.

Santa Teresa de Jesús

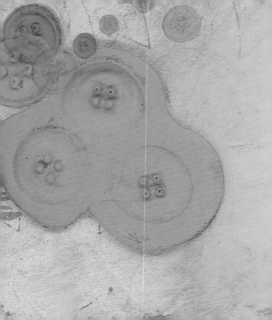

Continúa
como empezaste
y sé constante
contigo mismo.

Horacio

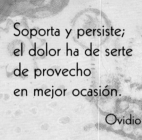

Soporta y persiste;
el dolor ha de serte
de provecho
en mejor ocasión.

Ovidio

No abandones
tu embarcación
en el mar de la suerte;
sigue remando,
pero rema
con desenvoltura,
y reflexiona
una vez más.

Von Platen

La perseverancia
es invencible.
Por ello el tiempo,
en su acción,
destruye y derriba
toda potencia.

Plutarco

Quien se empeña
en pegarle una pedrada
a la Luna no lo conseguirá,
pero terminará sabiendo
manejar la honda.

Proverbio árabe

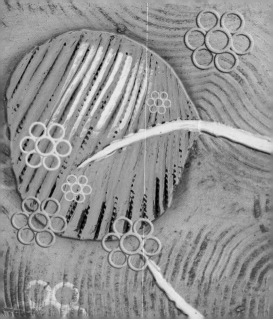

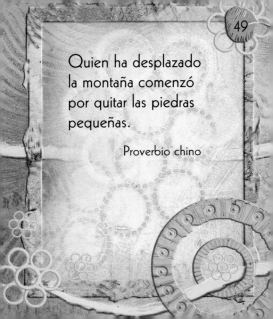

Quien ha desplazado
la montaña comenzó
por quitar las piedras
pequeñas.

Proverbio chino

El carácter
de cada hombre
es el árbitro
de su fortuna.

Publio Siro

50

Quien pisa
con suavidad
va lejos.

Proverbio chino

A fuerza
de preguntar
el camino,
se acaba por llegar
a La Meca.

Proverbio turco

No seas veleta,
no empieces
a cada momento
algo nuevo,
fíjate el objetivo
y persíguelo
hasta el fin.

Robert Reinick

Tener el carácter firme
es tener una larga
y sólida experiencia
de los desengaños
y desgracias de la vida.

Stendhal

El esfuerzo
llama a sí
a los mejores.

Séneca

Nada es más
contrario a la curación
que el cambiar
frecuentemente
de remedio.

Luis Señor

El genio
no es sino
la paciencia
extremada.

Bulton

Si se quiere ascender
por cuestas empinadas,
es necesario al principio
andar despacio.

Shakespeare

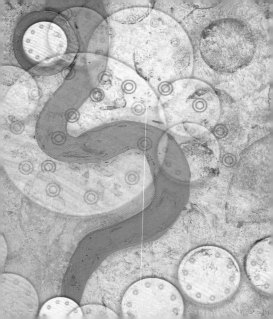

No hay valor sino
en la inocencia,
ni constancia sino
en una buena causa.

T. Southerne

Para llegar al momento
de la realización
es preciso atravesar
el desierto de los años
estériles.

Tagore

Persevera y espera
un mañana mejor.

Virgilio

Volved
a pulir veinte
veces vuestra
obra, pulidla
sin cesar y volvedla
a pulir.

Nicolas Boileau

64

La inconstancia
lo pierde todo,
por no dejar madurar
ninguna semilla.

Henri F. Amiel

No cambies
de caballo
en medio del río.

Abraham Lincoln

Las conquistas
son fáciles de realizar,
porque se hacen
con todas las fuerzas;
son difíciles de conservar,
porque sólo se defienden
con una parte
de las fuerzas.

Montesquieu

La constancia
en la vida
es tomarse en serio
durante mucho
tiempo seguido
la misma cosa.

André Gide

La constancia
suele ser
una necia
obstinación.

Francisco de Rojas Zorrilla

La constancia
quebranta los muros
más sólidos y vence
los imposibles
más colosales.

Virgilio

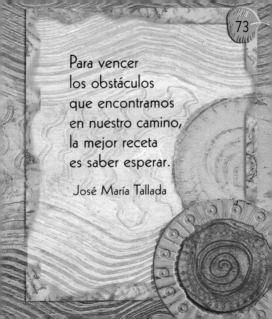

Para vencer
los obstáculos
que encontramos
en nuestro camino,
la mejor receta
es saber esperar.

José María Tallada

La constancia
es el vigor
de los fuertes
y el fundamento
de todas las virtudes.

San Bernardo

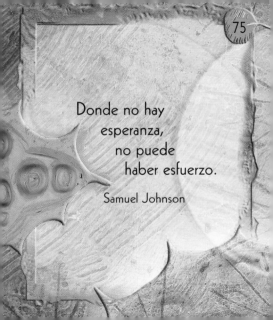

Donde no hay
esperanza,
no puede
haber esfuerzo.

Samuel Johnson

Mientras un hombre
no tiene la cabeza
cortada, nada
está completamente
perdido para él.

Proverbio anamita

Los que creen
en lo imposible
son más felices.

E. de Guérin

Quien confiare
en sí mismo
será caudillo
del grupo.

Horacio

Basta
un instante para
forjar a un héroe,
pero es preciso
toda una vida
para hacer
un hombre de bien.

P. Brulat

El que no pierde
de vista la meta,
aunque camine
muy lentamente,
va siempre
más veloz que
el que va errante
sin objeto.

Kant

La constancia
es la virtud propia
de los vencedores.

Bulwer Lytton

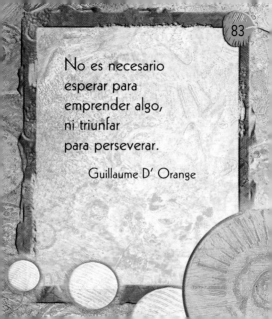

No es necesario
esperar para
emprender algo,
ni triunfar
para perseverar.

Guillaume D' Orange

La constancia
nos lleva
hasta el final.

Esquilo

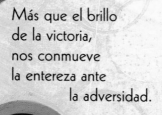

Más que el brillo
de la victoria,
nos conmueve
la entereza ante
la adversidad.

Octavio Paz

Lo importante
es transformar
la pasión en carácter.

Franz Kafka

El talento es algo
bastante corriente.
No escasea
la inteligencia,
sino la constancia.

Doris Lessing

Como persona
cuentas con unas
energías fabulosas
de reserva justo para
cuando las necesites;
sólo tienes que
descubrir lo que está
ocurriendo en ti.

Antony de Mello

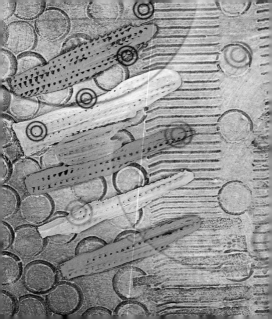

El carácter es
aquello que revela
sentido moral,
que expone la clase
de cosas que un
hombre escoge o evita.

Aristóteles

La integridad
es hacer lo correcto
aunque nadie
esté mirándonos.

Jim Stovall

La constancia,
como hábito,
es acrecimiento
de fuerza y, por tanto,
progreso y perfección.

Jorge Síntes

El que deja de ser
mejor a cada paso
simplemente
deja de ser bueno.

Cromwell

Casi no hay
cosa imposible
para quien sabe
trabajar y esperar.

Fenelón

Si el hombre
fuera constante,
sería perfecto.

Shakespeare

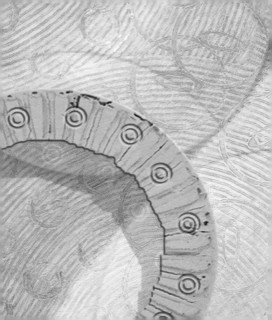